씨앗의 모든 것
작지만 대단해!

에바 포들레시 글·그림 | 김영화 옮김

안녕! 나는 씨앗이야! 내가 얼마나 대단한지 들어 볼래?

씨앗은 먼지만큼 작기도 하고, 농구공만큼 크기도 해. 유치원생만큼 무게가 나가는 것도 있어!

씨앗은 바람, 물, 불, 동물뿐 아니라 사람의 도움을 받아 이곳저곳으로 퍼져 나가.

씨앗은 2천 살이라도 새싹을 틔울 수 있어.

씨앗은 날로 먹기도 하지만, 다른 방법으로도 먹을 수 있어. 껍질을 쪼개거나 튀기거나 볶거나 납작하게 누르거나 발효시키거나 삶거나 불리거나 갈거나 기름을 짜서 먹어.

나무 위에서도, 땅속에서도, 물속에서도 쑥쑥 자랄 수 있지.

씨앗과 관련된 모든 것을 연구하는 학문을 종자학이라고 해.

숲과 들판, 이탄지*, 정원, 공원, 목초지가 생기는 건 우리 씨앗들 덕분이야.

씨앗은 바람에 실려 수백 킬로미터를 가기도 하고 해류를 타고 수천 킬로미터를 여행할 수도 있어.

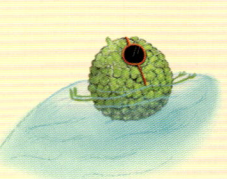

동물도 사람도 씨앗을 먹어. 사람은 씨앗으로 날마다 쓰는 물건을 만들기도 하지.

씨앗은 지구에 사는 거의 모든 사람과 동물의 가장 중요한 식량이야.

너희가 먹는 곡식이 씨앗이라는 거 알고 있니? 그것도 풀씨라는 걸 말이야. 쌀이나 보리, 밀, 옥수수 같은 곡식은 다 볏과의 한해살이풀이나 두해살이풀에서 열려. 곡식의 낱알은 풀의 열매이자 씨앗인 셈이지.

* 죽은 식물이 호수나 늪에 쌓여 석탄이 되어 가는 과정에서 생겨난 습지.

속씨식물과 겉씨식물의 씨앗

세상에는 두 종류의 씨앗이 있어. 하나는 열매 속에 있어서 보이지 않는 씨앗이고, 다른 하나는 겉으로 드러난 씨앗이지. 자연은 식물이 태어날 때 먹이 주머니를 선물하는데 그게 바로 씨앗이야. 씨앗은 식물이 싹을 틔울 때까지 추위와 더위, 가뭄, 충격에서 지켜 주는 아기집이나 다름없어. 싹을 틔울 때 필요한 양분도 담겨 있지.

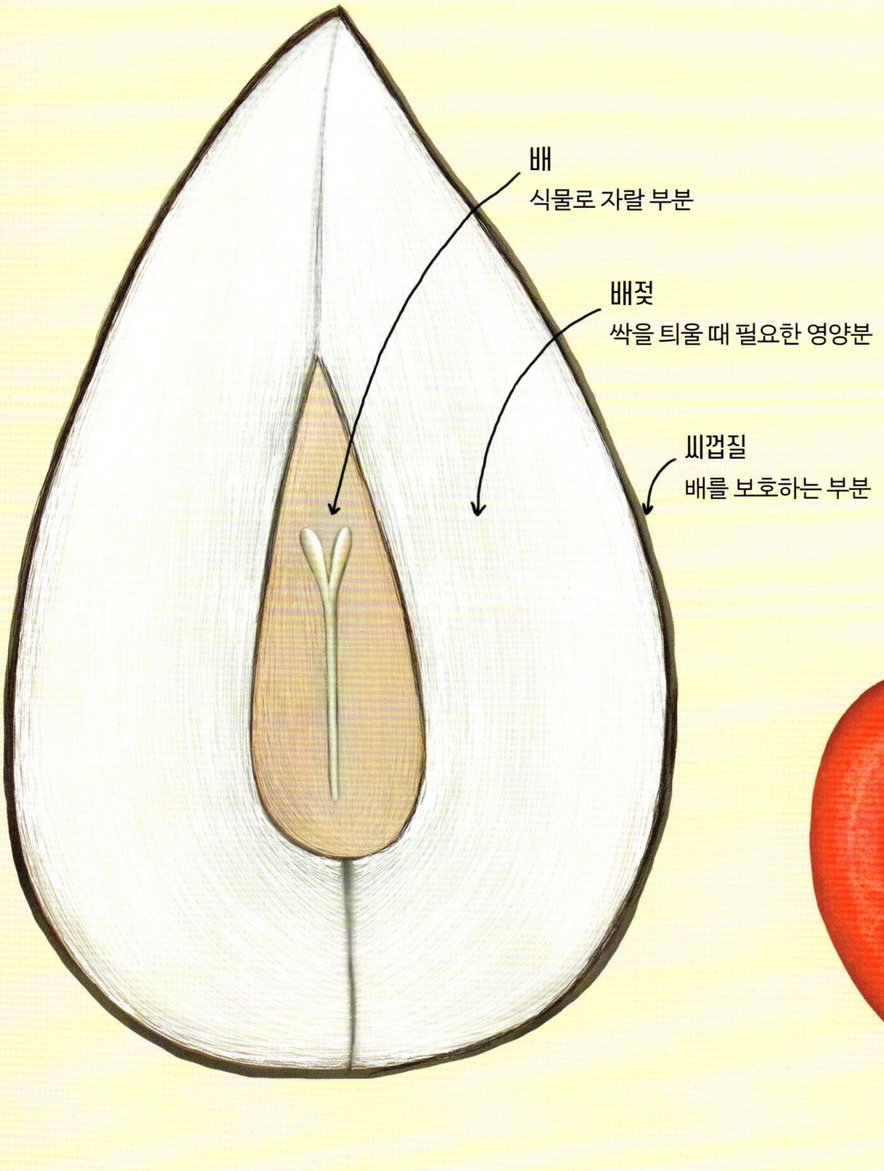

배 식물로 자랄 부분

배젖 싹을 틔울 때 필요한 영양분

씨껍질 배를 보호하는 부분

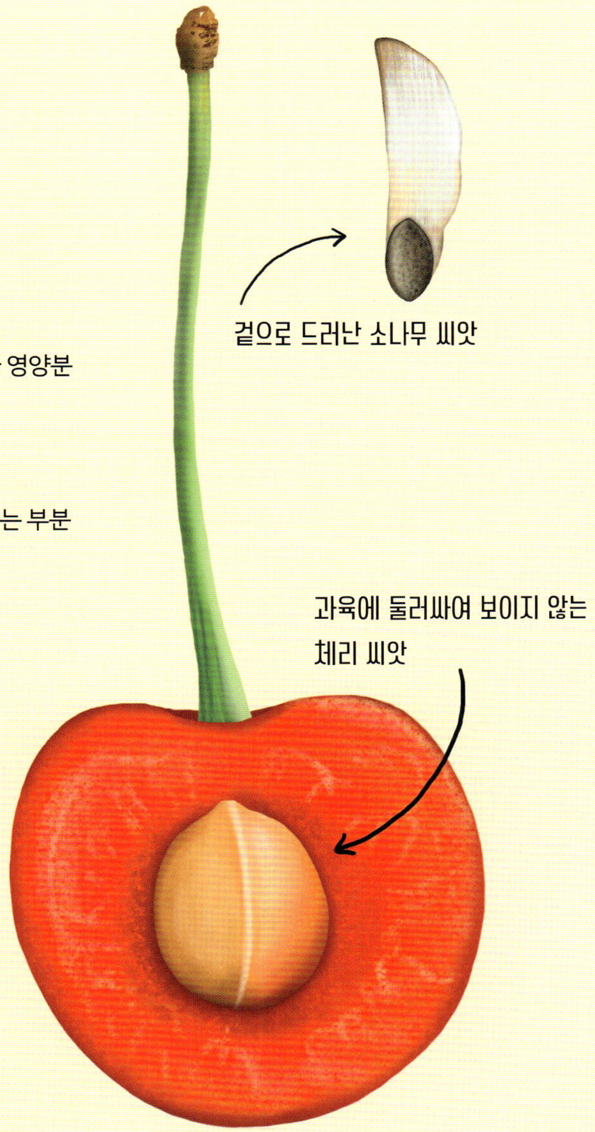

겉으로 드러난 소나무 씨앗

과육에 둘러싸여 보이지 않는 체리 씨앗

과육 속에 딱딱한 씨앗이 숨어 있는 열매를 핵과라고 해. 복숭아, 체리, 올리브, 호두 같은 과일이 바로 핵과야. 핵과를 반으로 가르면 단단한 씨껍질로 감싸인 씨앗이 보일 거야.

엔타타 기가스 (바다콩)

우꼬리야자

티맹그로브

여러 가지 씨앗

세상에는 신기한 씨앗이 정말 많아. 루드락샤와 해홍두 씨앗은 아주 예쁘고 단단해서, 팔찌나 목걸이로 만들기도 하지. 치즈를 노랗게 물들이는 아치오테나무의 자그마한 씨앗도 찾아봐. 햄버거처럼 생긴 씨앗 보이니? 뿔이 달린 것 같은 큰마름 씨앗도 재미있게 생겼지? 옛날에는 몰래 들어오는 도둑을 겁주려고 집 주위에 큰마름 씨앗을 뿌리기도 했대.

 도꼬마리

 루드락샤

 감자

 소눈콩

 브로콜리

 카카오

접시꽃

가시파슬리

 가막사리

 가죽나무

 해홍두

 아치오테나무

 큰마름

 꽃개오동

 부엌에는 시장에서 사 온 맛있는 먹거리와 갖가지 양념이 넘쳐나! 네가 가장 좋아하는 씨앗은 무슨 맛이 나니?

아보카도

열매 안에 탱탱볼을 닮은 예쁜 씨앗이 숨어 있어. 어떤 예술가는 아보카도 씨앗으로 조각품을 만들기도 하지. 놀라지 마! 아보카도 씨앗은 먹을 수도 있어.

레몬씨

씨껍질을 벗긴 싱싱한 레몬 씨앗을 24시간 동안 물에 담가 두었다가 화분에 옮겨 심어. 그다음 화분을 알루미늄 포일로 덮고 몇 주 기다리면 싹이 틀 거야.

올스파이스

올스파이스는 영국 식물학자가 말린 열매에서 계피, 후추, 정향, 육두구 같은 향신료를 모두 섞어 놓은 향이 난다고 해서 붙인 이름이야. 그럼 올스파이스의 원산지가 영국이냐고? 아니, 올스파이스의 원산지는 서인도 제도야.

땅콩

프랑스 과학자가 영양실조에 걸린 어린이를 위해 '플럼피넛'이라는 잼을 만들었어. 땅콩버터에 필수 비타민과 칼슘, 마그네슘 같은 무기질을 섞어 만든 이 잼은 아이들을 살리는 기적의 잼으로 불린대.

후추

음식에 매운맛을 더하려면 후추나무 열매를 갈아 만든 후춧가루를 넣어 봐.

땅콩버터

땅콩으로 만든 땅콩버터는 식빵이나 팬케이크에 발라 먹으면 맛있지.

팝콘

팝콘용 옥수수를 튀기면 맛있는 간식이 된단다.

팔각

팔각은 한자로 각이 여덟 개라는 뜻이야. 팔각의 각 모서리를 선으로 이어 봐. 정말 팔각형이 되지?

새싹 채소

새싹 머리에 달린 작은 씨껍질이 보이니? 새싹이 움트고 남은 부분이야.

밀가루

밀가루로 빵이나 과자, 국수, 피자 따위를 만들 수 있어.

바닐라

여우원숭이와 바닐라의 공통점이 뭐게? 마다가스카르섬이 고향이라는 거야!

말린 무화과

무화과 열매는 작고 바삭한 씨앗으로 가득 차 있어.

통밀빵

통밀을 거칠게 빻은 가루로 만든 빵이야.

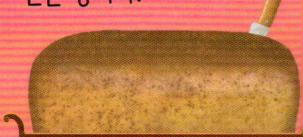

캐러웨이

옛날 유럽 사람들은 소중한 물건에 캐러웨이 열매를 넣어 두면 아무도 훔쳐 가지 않는다고 믿었대.

완두콩

아이스크림을 만들 수 있을 정도로 달콤해.

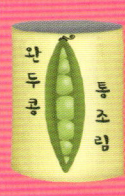

마가린

식물성 기름으로 만든 버터 대용품이야. 빵에 발라 먹지.

페스토
바질과 잣, 올리브유 따위를 갈아 만든 이탈리아의 초록색 소스야.

팔루슈키
밀가루로 만든 막대 모양 폴란드 과자야. 두 개가 붙어 있는 과자를 찾으면 행운이 찾아온대!

병아리콩
인류가 가장 처음으로 재배한 콩이야. 철분과 비타민 C가 풍부해서 빈혈에 좋대.

강낭콩
전 세계에서 가장 많이 키우는 콩이야. 어린 꼬투리도, 다 익은 열매도 여러 가지 방법으로 요리해 먹지.

파스타

파스타는 밀을 싸라기처럼 굵게 빻은 세몰리나를 물로 반죽해서 만들어. 너희가 가장 좋아하는 파스타는 뭐야?

백후추
흑후추와 백후추는 색이 다르지만 같은 식물의 열매야. 열매가 익기 전에 따서 말린 게 흑후추, 다 익은 열매의 껍질을 벗겨서 말린 게 백후추지.

카더몬

고대 로마인은 입냄새를 없애려고 카더몬을 씹었다고 해.

메밀
메마른 땅에서도 잘 자라고 단백질과 식이 섬유가 풍부해. 글루텐이 없어서 밀가루를 못 먹는 사람에게도 좋지.

코코아
카카오 씨앗을 갈아서 만든 가루야. 음료나 초콜릿을 만들 때 써.

해바라기씨유

해바라기씨유는 콜레스테롤 수치를 낮춰 줘서 성인병 예방에 도움이 돼.

포도씨유

예쁜 연두색을 띠고 향이 거의 없어. 게다가 발연점이 높아서 튀김이나 부침 요리에 쓰기 좋아.

초피(화자오)
마라탕에 들어가는 향신료야. 초피를 먹으면 혀가 마비되는 것처럼 얼얼해져.

호로파
호로파는 콩과 한해살이풀이야. 잎과 줄기는 익히거나 생으로 요리해 먹고, 씨앗은 향신료나 약으로 써.

육두구

서양 요리에 꼭 필요한 향신료야. 카리브해의 섬나라 그레나다 사람들은 국기에 육두구를 그려 넣을 만큼 중요하게 여긴대.

납작귀리

오트밀이라고도 하는데 물이나 우유를 넣고 죽을 끓여 먹어. 쿠키를 만들 때 넣어도 좋아.

머스터드
서양겨자씨로 만든 소스야.

뻥튀기
바삭바삭한 뻥튀기는 간식으로 더할 나위 없지.

커민
가장 오래된 커민 열매는 이집트 피라미드 안에서 나왔대. 커민의 원산지는 이집트거든.

* 선사 시대부터 길러 온 고대 밀.

이제 빵집을 들여다볼까? 보기만 해도 갓 구운 빵 냄새가 솔솔 나는 것 같아. 빵을 만들려면 먼저 가루가 필요해. 제분 공장에서는 다양한 곡물의 낱알을 분류해서 빻고 체에 받쳐 가루로 만들지. 헬렌 아저씨네 빵집에 가면 빵을 만드는 데 쓰는 다양한 곡식과 씨앗을 볼 수 있어.

너는 어떤 빵을 가장 좋아해? 달짝지근한 밀빵? 시큼한 호밀빵? 아니면 노랗고 보들보들한 옥수수빵? 통곡물로 만든 빵을 좋아하는 사람도 있고, 감자나 호박, 견과류를 곁들인 빵을 좋아하는 사람도 있을 거야. 자, 따뜻할 때 얼른 골라 봐.

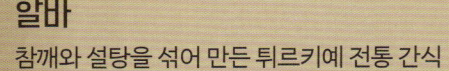
할바
참깨와 설탕을 섞어 만든 튀르키예 전통 간식

피스타치오 바클라바
아주 달콤한 튀르키예 전통 디저트

치아씨 푸딩
코코넛 밀크에 몸에 좋은 치아씨를 섞어 만든 푸딩

커피
볶은 커피콩을 갈아서 물로 우려낸 음료

초콜릿 케이크
카카오 씨앗을 갈아 만든 초콜릿이 들어간 케이크

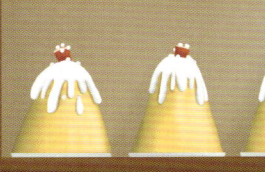

헤이즐넛 쿠키

바닐라 아이스크림
아이스크림에 송송 박힌 까만 점이 바로 바닐라 씨앗!

그래놀라
곡식이나 견과 같은 씨앗과 말린 과일에 꿀이나 설탕을 섞어 구운 것

오늘 헬레나 아줌마네 카페는 한산해. 달콤한 간식에 어떤 씨앗이 숨어 있는지 확인해 볼 좋은 기회야. 케이크는 빵처럼 다양한 곡물 가루로 굽고, 크림은 씨앗에서 짠 기름으로 만들었네.

식물학적으로 보면 우리가 견과라고 알고 있던 것 중 일부만이 견과라고 해. 견과는 열매가 익으며 씨앗을 감싼 모든 것이 말라 버려서, 잘 갈라지지 않게 된 나무 열매야. 그러다 보니 알맹이를 꺼내 먹기가 힘들지. 식물학자들의 판단에 따르면 밤, 은행, 헤이즐넛, 도토리 같은 것이 진짜 견과래.

1
밤은 고소하고 달콤해. 보통은 삶거나 구워 먹지. 삶아서 으깬 밤에 설탕을 넣어 만든 밤 크림은 케이크 같은 디저트를 만들 때 쓰거나 빵에 발라 먹곤 해.

6
필리너트는 필리핀이 원산지인 필리나무 씨앗이야. 필리너트의 껍데기는 매우 단단한데, 이 껍데기를 까는 기계가 아직 개발되지 않았어. 그래서 마체테라는 날이 넓고 긴 칼로 여러 번 쳐서 까야 한대.

7
브라질너트는 철통 보안을 자랑해. 두껍고 단단한 껍데기가 씨앗 여러 개를 에워싸고 있는 데다가, 씨앗 하나하나가 단단한 속껍질로 싸여 있거든.

8
마카다미아는 아주 맛있고 몸에 좋은 지방도 많아. 원산지인 오스트레일리아에서는 마카다미아 껍데기를 화력 발전소 연료로 쓴대.

2
땅콩은 감자처럼 땅속에서 열려. 그래서 먹기 전에 흙을 잘 씻어야 해. 꼬투리 하나에는 땅콩이 두세 알씩 들어 있지. 땅콩은 흔히 견과로 분류되지만 사실 견과가 아니야.

3
캐슈너트는 씨껍질과 씨를 분리하기가 쉽지 않아. 기계로 분리하면 씨가 부서지기 쉬워서 일일이 손으로 까는 경우가 많대. 캐슈너트 씨껍질에는 독성이 있어서 반드시 장갑을 끼고 만져야 해.

4
껍데기를 깐 호두는 꼭 뇌처럼 생겼어. 그래서 옛날에는 호두를 먹으면 머리가 좋아진다고 믿었지.

5
사람들은 아주 먼 옛날부터 헤이즐넛나무를 길러 헤이즐넛을 수확해 왔어. 헤이즐넛이 가장 많이 나는 곳은 튀르키예야.

9
아몬드는 복숭아와 같은 장미과 식물이야. 그래서 복숭아의 두껍고 딱딱한 씨껍질을 쪼개면 아몬드와 꼭 닮은 씨앗이 나와. 아몬드 가루는 달콤한 마카롱을 만들 때 꼭 필요한 재료야!

10
피스타치오의 원산지는 이란이야. 이란에서는 피스타치오를 '웃는 견과'라고 불러. 다 익은 피스타치오의 껍데기가 갈라지는 모양이 웃는 입을 닮았거든.

11
소나무와 잣나무가 친척인 거 알아? 잣나무에도 솔방울이 달리는데, 잣은 이 솔방울의 딱딱한 비늘 사이에 하나씩 숨어 있어.

이것 봐. 하니아가 좋아하는 꽃을 그렸어. 그런데 꽃씨까지 그리려니까 씨앗이 어떻게 생겼는지 잘 떠오르지 않더래. 하긴, 다들 장미꽃이 어떻게 생겼는지는 알아도 장미 씨앗이 어떻게 생겼는지는 잘 모르잖아. 하니아는 마당에서 꽃씨를 모으고 미처 찾지 못한 씨앗은 꽃집에 가서 사 왔어. 그런 다음 돋보기로 씨앗을 하나하나 관찰했지. 하니아와 함께 작지만 놀라운 씨앗을 살펴볼까?

3 데이지
8 물망초
2 크로커스
5 장미
4 수선화
9 민들레
1 수레국화
10 무스카리
11 팬지
7 은방울꽃
6 칼루나

씨앗으로 재미있게 놀자!

콧등에 단풍나무 열매 얹기

흔들흔들! 씨앗과 빈 병으로 악기 만들기

호두 껍데기와 나뭇잎으로 돛단배 만들기

밤과 도토리로 말 만들기

씨앗에 얼굴 그리기

점토에 씨앗으로 모자이크 하기

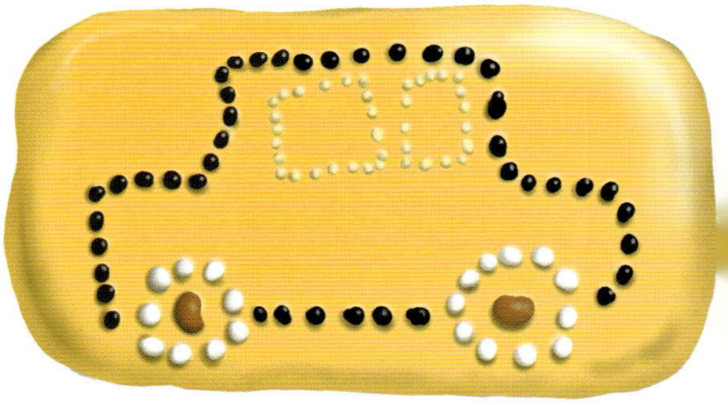

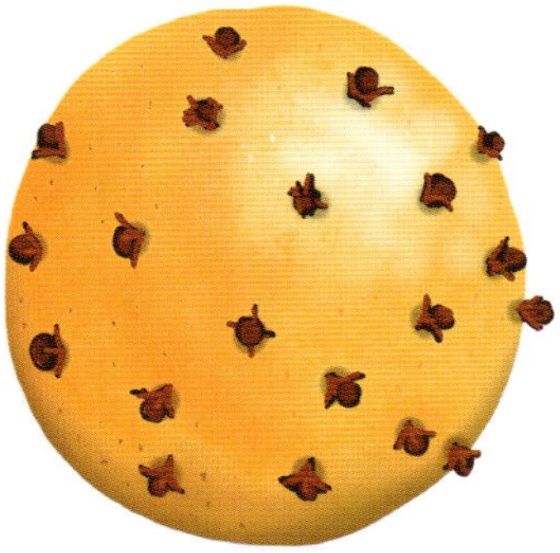

오렌지에 정향 꽂아서 방향제 만들기

옥수수로 팝콘 튀기기

오트밀 쿠키 만들기

색종이와 도토리깍정이로 꽃 만들기

단풍나무 씨앗으로 잠자리 만들기

종이 수박에 진짜 수박씨 붙이기

새 모이 주기

씨앗 분류하기

싹 트는 과정 관찰하기

씨앗으로 집짓기 놀이 하기

알아 두면 쓸데 있는 씨앗 이야기

세상에서 가장 큰 씨앗은 무엇일까? 정답은 바로 엉덩이처럼 생긴 세이셸야자 씨앗이야. 세이셸야자는 인도양의 섬나라 세이셸 공화국에 딸린 작은 섬 두 곳에서만 자라는 무척 희귀한 식물이지.

목화씨를 감싼 솜털은 이불솜으로 쓰이거나 '면'이라는 천을 만들 때 써.

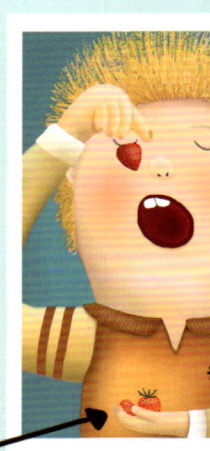

딸기 겉에 박힌 깨알 같은 것은 씨앗이자 열매야. 그리고 우리가 먹는 빨간 과육은 열매가 아니라 꽃받침이지.

열대 지방에서 자라는 나무인 후라크레피탄스의 열매는 잘 여물면 펑 하고 터지면서 속에 있는 씨앗을 총알처럼 내뿜어. 그래서 다이너마이트 나무라고도 부르지. 열매가 터질 때 나무 옆에 있으면 아주 위험하니까 당장 피하는 게 좋아!

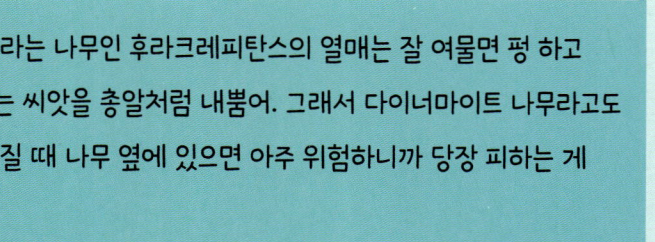

맹그로브는 바닷물에 잠긴 땅에서 자라는 신기한 나무야. 끝이 뾰족하고 길쭉한 씨앗을 곧장 물속에 떨어뜨리거나, 씨앗이 뿌리가 자랄 때까지 키워서 물속에 떨구는 방법으로 번식하지.

세계에서 가장 작은 씨앗은 난초 씨앗이야. 먼지처럼 가벼워서 바람을 타고 몇천 킬로미터라도 날아갈 수 있어.

케이크를 장식하는 데 쓰는 마르지판은 아몬드와 설탕을 갈아서 만들어. 그대로 먹어도 고소하고 달콤하지만, 말랑하게 반죽해서 귀여운 인형을 만들 수도 있어.

여름에 수박을 먹을 때는 수박씨가 몸에 좋다는 걸 기억하렴. 중국에서는 수박씨를 구워서 간식으로 먹기도 해.

아름다운 꽃을 피우는 연꽃의 씨앗 주머니는 물뿌리개 주둥이처럼 생겼어.
아시아에서는 구멍 속에 든 씨앗을 먹기도 해.

신비롭고 멋진 씨앗 이야기

옛날 사람들은 씨앗을 어떻게 썼을까?
또, 무엇을 믿었을까?

영국 사람들은 주머니에 도토리를 넣고 다니면 젊음을 유지할 수 있다고 믿었어.

케이폭나무 씨앗을 감싼 솜털은 구명조끼의 속을 채우는 데 써. 그래서 폴란드에서는 구명조끼를 카폭이라고 불러.

폴란드 사람들은 밤 세 알을 실에 꿰어 목에 걸고 있으면 치통이 사그라든다고 믿었어. 밤을 갈아서 아픈 잇몸에 바르기도 했지.

스위스의 엔지니어 조르주 드 메스트랄은 숲에서 작은 갈고리가 달린 도꼬마리 씨앗이 바지에 달라붙는 것을 보고 벨크로를 개발했어. 맞아, 우리가 흔히 찍찍이라고 부르는 그 물건 말이야!

이집트 피라미드에서는 대추야자 씨앗이 발견되곤 해. 죽은 사람이 사후 세계에 먹을 양식으로 넣어 둔 거야.

튀르키예에는 새 신부가 석류 열매를 땅에 던지는 풍습이 있어. 떨어진 석류씨 수만큼 아이를 낳는다고 믿었거든.

북아메리카의 호피족은 껍질을 까지 않은 해바라기씨로 파란색, 보라색, 빨간색, 검은색 염료를 만들어 천과 그릇을 물들였어.

폴란드 농촌에는 크리스마스 때 풍년을 빌며 밭에 호박씨를 파묻는 풍습이 있었대.

마야인은 카카오 씨앗을 돈 대신 썼어. 카카오 씨앗으로 옷이나 음식을 산 거지.

다 같은 도토리가 아니야!

갈참나무, 물참나무, 졸참나무, 떡갈나무 같은 참나뭇과 나무의 열매를 도토리라고 해. 씨앗은 도토리마다 하나씩 들어 있지. 도토리는 이름은 같지만 부모 나무에 따라 생김새가 다 달라. 너는 어떤 도토리가 가장 마음에 드니?

밸리참나무

인시그니스참나무

스키네리참나무

터키참나무

로브르참나무

루브라참나무

진홍참나무

페트라참나무

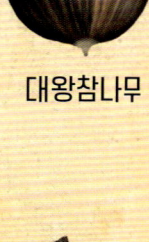
대왕참나무

잔털참나무

호랑잎가시나무

탄바크참나무

밤송이참나무

오버컵참나무

씨앗을 갖고 싶다고?

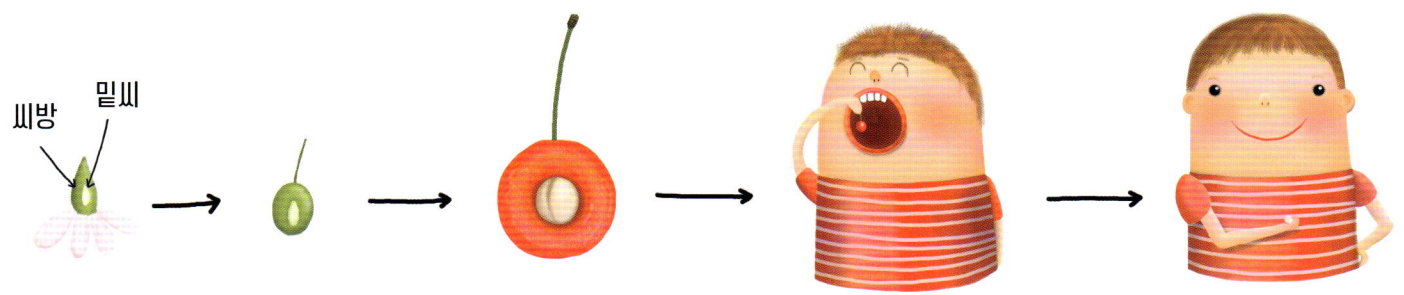

따뜻한 기온과 적당한 습도, 그리고 공기를 만나면 씨앗은 점점 부풀어 올라. 그다음 껍질이 갈라지고 싹이 트기 시작하지. 가장 먼저 뿌리가 나오고 줄기가 자라고 잎이 돋아. 씨앗에서 새로운 식물이 태어나는 거야.

씨앗이 얼마나 놀라운 힘을 지녔는지 이제 알겠지?
하지만 너희가 지금까지 본 건 새 발의 피일 뿐이야.
우리가 지닌 놀라운 힘이 궁금하면, 네 주변에 있는 씨앗을
주의 깊게 살펴보렴. 그럼 또 만나자!

일러두기
우리나라에 없는 씨앗 및 식물의 이름은 영문명과 학명을 참고하여 우리말로 옮겼습니다.

에바 포들레시 글·그림
폴란드에서 태어나 야기에우워대학교에서 문헌학을 공부했어요. 14년 동안 영어를 가르치는 일을 해 왔지만, 늘 아이들을 위한 그림을 그리고 싶어 했지요. 어린이책에 그림을 그리기 시작하면서 꿈을 이루게 되었어요. 자전거 타기와 요리하기, 배낭여행을 좋아해요. 《원소는 어디에나 있어!》, 《숫자 세기》, 《안 지루해 아일랜드》에 그림을 그렸습니다.

김영화 옮긴이
한국외국어대학교에서 폴란드어를 공부했어요. 옮긴 책으로는 《오바, 우크라이나》, 《더러워: 냄새나는 세계사》, 《놀라운 동물 건축가의 세계》, 《똑딱똑딱, 시간이 흘러가요》 들이 있어요.

지식곰곰 15
작지만 대단해! 씨앗의 모든 것

초판 1쇄 인쇄 2024년 3월 25일 | 초판 1쇄 발행 2024년 3월 29일 | ISBN 979-11-5836-458-8, 978-89-93242-95-9(세트)

펴낸이 임선희 | 펴낸곳 ㈜책읽는곰 | 출판등록 제2017-000301호 | 주소 서울 마포구 성지길 48 | 전화 02-332-2672~3
팩스 02-338-2672 | 홈페이지 www.bearbooks.co.kr | 전자우편 bear@bearbooks.co.kr | SNS Instagram@bearbooks_publishers
만든이 우지영, 우진영, 박세미, 김선현, 이다정, 최아라, 박혜진, 윤주영, 홍은채 | 꾸민이 김지은, 김아미, 이설
가꾸는이 정승호, 고성림, 민유리, 배현석, 김선아, 백경희
함께하는 곳 이피에스, 두성피앤엘, 월드페이퍼, 해인문화사, 원방드라이보드, 으뜸래핑, 도서유통 천리마

NIESAMOWITE NASIONKA written and illustrated by of Ewa Podleś-Virette
Text and Illustrations by Ewa Podleś-Virette, 2021
© Wydawnictwo JUKA-91, 2021
Korean translation rights © Bear Books Inc., 2024
Korean translation rights arranged through AMO AGENCY on behalf of S.B.Rights Agency - Stephanie Barrouillet
All rights reserved.
No part of this book may be reproduced, transmitted, broadcast or stored in an information retrieval system in any form or by any means, graphic, electronic or mechanical, including photocopying, taping and recording, without prior written permission from the Publisher.

이 책의 한국어판 저작권은 AMO 에이전시를 통해 저작권자와 독점 계약한 ㈜책읽는곰에 있습니다.
저작권법에 의해 한국 내에서 보호를 받는 저작물이므로 무단 전재와 무단 복제를 금합니다